돈이 좋은 열한 살

똑똑하게 돈 쓰는 법

박현아 글 · 장경혜 그림

진짜 '내 돈'을 어디에 쓸까?

생활에 필요한 물건이나 서비스를 만들고 나누고 쓰는 것을 '경제'라고 해요. 경제는 우리의 일상생활과 아주 가까이 닿아 있어요. 우리 주머니 속 돈을 어디에, 어떻게 써야 할까를 고민하는 것이 모두 경제 활동이지요.

여러분은 언제 처음 용돈을 받아 봤나요? 처음 용돈을 받았을 때의 기분을 떠올려 보세요. '내 마음대로 쓸 수 있는 돈이 생겼어, 이 돈으로 뭘 하지?'라는 생각에 가슴이 벅찼을 거예요. 처음 생긴 내 돈이라 쓰기 아깝기도 하고, 한꺼번에 다 써 버릴까 봐 불안했을 수도 있어요. 용돈을 받았다면 아까운 마음도 불안한 마음도 오롯이 느껴 봐야 해요. 용돈의 주인은 바로 '나'이기 때문이에요. 용돈은 마음대로 다 써도 안 되고, 그렇다고 고이 모셔 두어도 안 돼요.

어떻게 해야 용돈을 잘 쓸 수 있을까요? 먼저 여러분 마음을 잘 들여다보세요. 용돈을 낭비하지 않고 쓸모 있게 쓰면 뿌듯한 마음이 들어

요. 반대로 용돈을 한순간에 다 써 버리면 후회할 일이 생기기 쉬워요. 용돈을 쓰기 전에 내가 갖고 싶고, 하고 싶은 게 뭔지, 꼭 필요한 것인지 생각해 보세요.

어릴 적 소비 습관은 여러분이 어른이 됐을 때까지도 영향을 끼쳐요. 멋진 어른이 되기 위해서는 적은 돈부터 올바르게 관리하는 방법을 익혀야 하는 걸 잊지 마세요.

우리는 하고 싶은 걸 이루거나 갖고 싶은 것을 갖게 되었을 때 큰 뿌듯함을 느껴요. 그 뿌듯함을 시작으로 내가 바라는 일에 집중하고, 새로운 일에 도전하며 더 나은 나를 만들어 갈 수 있게 됩니다. 용돈을 받고 쓰고 모으는 과정에서 경험할 수 있는 일이에요. 나를 알아 가는 일이 용돈 관리에서 시작된다는 사실이 놀랍지요? 여러분도 스스로 용돈을 관리하며 나를 알아 가는 소중한 시간을 가져볼 수 있길 바라요.

박현아

[영 수 증]

YELLOWPIG 파주점
사업자번호 : 123-456-7890
주 소 : 경기도 파주시 노란빌딩 1층
대 표 자 명 : 진노랑
전 화 번 호 : 111-222-3333
교환/환불/결제변경은 구매 점포에서
한 달 안에 가능합니다.
단, 정상(미개봉) 상품, 영수증 / 결제카드 지참시

돈이 좋은 열한 살 : 똑똑하게 돈 쓰는 법

총합계 : 116쪽
할인 : 0원
결제대상금액 : 13,000원
부가세 : 0원

돈이 필요해

"학교 다녀오겠습니다."

오늘따라 강하 어깨가 축 처져 있다. 집을 나서며 손가락 다섯 개를 모두 폈다 하나씩 접으며 날짜를 세어 보았다.

'수, 목, 금. 에휴, 토요일까지 아직 세 밤이나 남았어.'

강하가 이토록 주말을 기다리는 데는 특별한 까닭이 있다. 쉴 새 없이 졸졸 따라다니는 동생 준휘를 피해 친구들과 약속을 잡을 수 있는 데다, 게임도 실컷 할 수 있기 때문이다.

'어른이 되면 날마다 주말 같을 거야. 숙제도 없고, 돈도 마

음대로 쓸 수 있으니까. 돈만 있으면 하고 싶은 건 뭐든 다
할 수 있잖아. 빨리 어른이 돼서 돈 많이 벌면 좋겠다.'

운동화를 질질 끌며 교문을 들어서는데 단짝 친구 서진이
목소리가 들렸다.

"야, 박강하! 이번 주말에 시간 돼?"

"왜? 무슨 일인데?"

"내가 포켓빵 파는 편의점을 알아냈거든. 농구 몇 판만 하
고 바로 가면 빵 들어오는 시간하고 딱 맞을 거야."

서진이가 귓가에 속삭이듯 말을 덧붙였다.

"이거 완전 고급 정보다. 내가 너니까 알려 주는 거야."

"어? 알았어. 엄마한테 물어보고 얘기해 주울……."

의기양양한 서진이와는 달리 강하는 대답을 얼버무렸다.

수업 시간 내내 강하의 머릿속은 온통 포켓빵 생각으로 가득 찼다. 친구들 사이에서 포켓빵의 인기는 그야말로 엄청났다. 얼마 전부터 빵에 들어 있는 띠부띠부씰*을 모으는 게 유행처럼 번졌고, 요 며칠 사이에는 새로 나온 포켓빵을 먹고 단톡방에 인증샷을 올리며 자랑해 댔다.

사실 강하는 서진이 말에 당장이라도 '예스!'를 외치고 싶었다. 하지만 강하에게는 포켓빵을 살 돈이 없다.

강하는 일주일 용돈으로 4,000원을 받는다. 친구들보다 용돈이 적다고 몇 번이나 말했는데도 엄마와 아빠는 도통 들은 척 만 척이다.

용돈을 받는 일요일마다 강하는 '이번

---

* 띠부띠부씰 : '떼었다 붙였다 떼었다 붙였다'(띠고 붙이고 띠고 붙이는)의 앞 글자와 '봉인하다'는 뜻인 영어 씰(Seal)을 붙여 만든 신조어로, 붙였다 뗄 수 있는 스티커.

주에는 아껴 써야지.' 하고 다짐하지만, 역시나 매번 헛일이었다. 이번 주도 마찬가지다. 월요일에는 학원 가는 길에 새로 나온 레몬 맛 슬러시를 사 먹었고, 화요일에는 새로 문을 연 무인 문구점에 구경 가는 바람에 남은 용돈을 다 써 버렸다.

'이틀 만에 용돈을 다 써 버리다니……. 여태 이런 적은 없었는데.'

받은 용돈	쓴 돈	남은 용돈
4,000원	레몬 맛 슬러시 1,000원	3,000원
	홀로그램 스티커 1,000원	2,000원
	샤프 지우개 2,000원	0원

강하는 한숨이 절로 나왔다. 애꿎은 신발주머니를 발로 툭툭 차며 꼬리에 꼬리를 무는 생각에 빠졌다.

'어제 문구점에만 안 갔어도…….'

'개업 이벤트로 모기 퇴치 팔찌를 나눠 준다는 소문만 듣지 않았어도…….'

'쓰지도 않을 홀로그램 스티커를 사지 않았어도…….'

'아직 한참 남은 샤프 지우개를 덜컥 사지만 않았어도…….'

집으로 가는 길에도 강하는 오로지 돈 생각밖에 없었다. 지끈한 머리를 움켜 쥐며 걷다 보니 어느새 집 앞이다.

"다녀왔습니다."

"어, 그래. 강하 왔니? 오늘은 일찍 왔네, 간식 먹을래?"

강하는 엄마 말도 들은 체 만 체 하고, 어깨를 축 늘어뜨린 채 자기 방으로 들어갔다. 책상 앞에 멍하니 앉아 있는데 준휘가 들어왔다.

"형아, 이번 주 토요일에 엄마 또 집에 없대."

강하는 어른이 되어서도 학교에 다니는 엄마를 이해할 수가 없었다. 공부가 재밌다고 하는 건 더 이상했다. 어쨌거나 엄마가 없는 날은 방학식 날 만큼이나 설렌다. 잔소리로부터 해방되는 건 물론이고, 가기 싫은 체험 프로그램에 억지로 끌려다니지 않아도 되기 때문이다. 무엇보다 엄마가 싫어하는 다섯 가지를 실컷 할 수 있어 좋다. 물론 엄마가 싫어하

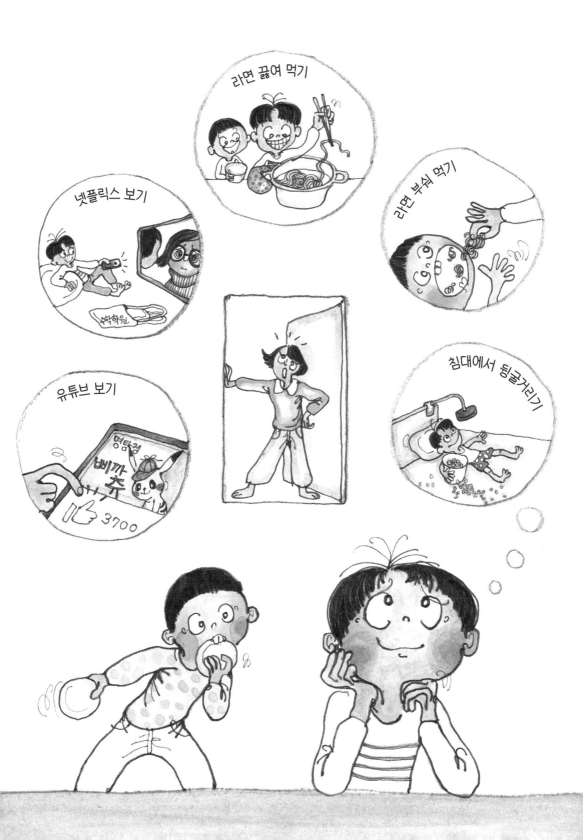

다섯 가지는 강하가 좋아하는 다섯 가지다.

'그래도 서진이랑 같이 포켓빵 사러 가는 게 훨씬 재밌을 것 같은데. 돈만 있었어도…….'

강하는 인터넷에서 '시즌2 포켓빵 가격'을 검색했다.

'뭐야, 시즌1보다 500원이나 올랐잖아?'

강하가 사고 싶은 포켓빵 가격은 무려 2,500원이었다. 일주일 용돈을 미리 받는다고 해도 빵 두 개를 사려면 1,000원이 모자라다.

받은 용돈	쓸 돈	모자란 돈
4,000원	시즌2 포켓빵 2,500원 x 2 = 5,000원	1,000원

달콤하고도 시원한 슬러시의 유혹을 이겨 내는 것도, 학원 가기 전 무인 문구점을 들르는 것도 참을 수 있었다. 하지만 포켓빵 살 기회를 놓친다는 건 왠지 억울했다. 혹시나 하는 마음에 강하는 가방 안쪽 주머니와 지갑 안을 뒤져 보았다.

'동전 몇 개가 굴러다니는 걸 틀림없이 봤는데…….'

아쉽게도 10원짜리 동전 하나 나오지 않았다.

이번엔 책상을 뒤져 보았다. 책상 서랍을 하나하나 열어 보고, 깊숙이 손도 넣어 보고, 고개를 숙여 혹시라도 놓친 게 있나 살펴보았다. 바로 그때, 서랍 맨 안쪽에 반짝이는 금색 봉투가 보였다.

"어, 이게 뭐지? 맞다, 이게 있었지!"

흥미로운 화폐의 역사

아주아주 옛날에는 필요한 물건을 직접 만들어 쓰거나 다른 사람이 가진 물건과 내 물건을 서로 바꾸어 썼어요. 하지만 큰 물건은 가지고 다니기 불편했어요. 또 물건마다 가치 기준이 달라 곤란한 상황이 생기기도 했지요. 그래서 조금 더 가지고 다니기 쉬운 조개껍데기나 쌀, 소금을 화폐처럼 썼어요. 그런데 조개껍데기와 쌀은 시간이 지나면 깨지고 썩어서 금이나 은으로 동전을 만들어 썼답니다. 동전은 보관이 쉽고 편리해 보다 널리 쓰였어요.

물물교환

이거 받아요.

오~ 이만큼 드릴게요.

조개껍데기나 납작한 돌, 쌀, 소금 등이 화폐처럼 쓰였어요.

금속 화폐

최초의 화폐는 금화, 은화 같은 금속 화폐예요. 종이돈(지폐)은 더 나중에 만들어졌어요.

사회가 발달하면서 화폐도 형태가 여러 가지로 달라졌어요. 실물 돈을 쓰는 사람들이 점점 더 줄어들고 있지요. 카드나 상품권 말고도 게임 머니나 마일리지, 모바일 쿠폰도 돈처럼 쓸 수 있어요. 카카오페이나 네이버페이와 같은 간편 결제 서비스를 이용하는 사람들도 늘어나고 있어요. 화폐의 역사를 보면 알 수 있듯이, 물물교환 수단으로써 '돈'은 점점 더 보관이 편리하고 쓰기 쉽도록 바뀌어 왔어요. 앞으로는 또 어떤 형태의 화폐가 나타날까요?

간편 결제 서비스

간편 결제 서비스를 이용하면 실물 카드나 현금 없이 휴대전화로 결제할 수 있어요.

암호 화폐

블록체인 기술을 활용한 비트코인이나 이더리움 같은 암호 화폐도 생겨났어요.

돈은 어떻게 쓰일까요?

가치를 나타내는 기준

연필 한 자루보다 동화책 한 권이 더 비싸요. 냉장고 한 대는 동화책 한 권보다 비싸고요. 이처럼 물건값을 매길 때 돈으로 그 가치를 나타내요.

연필 한 자루
1,000원

동화책 한 권
10,000원

냉장고 한 대
1,000,000원

미용실에서 머리를 자르고, 운동센터에서 운동을 하고, 병원에서 진료를 보는 것처럼 돈은 눈에 보이지 않는 것의 값을 매겨 주기도 해요.

미용실에서

운동센터에서

병원에서

교환 수단

　돈은 물건과 물건을 바꿔 주기도 해요. 사과 농사를 짓는 사람은 사과를 판 돈으로 신발을 사거나 빵을 살 수 있어요. 사과를 팔아 원하는 걸 얻은 셈이지요. 이처럼 돈은 원하는 물건과 서비스로 바꿀 수 있어요. 사람들이 돈을 좋아하는 까닭도 바로 이 때문이에요.

지불 수단

어떤 상품이나 서비스를 살 때, 또는 세금이나 벌금 등을 낼 때는 그 사회에서 공통으로 사용하는 돈으로 내야 해요. 화폐 단위는 나라마다 달라서, 다른 나라로 여행을 갈 때도 그 나라 돈으로 '환전'을 해요.

그러면 국가 간에 돈이 오고 갈 때는 어떻게 할까요? 세계에서 가장 많이 쓰는 돈인 미국의 달러를 '국제 통화'로 정해 쓰고 있어요.

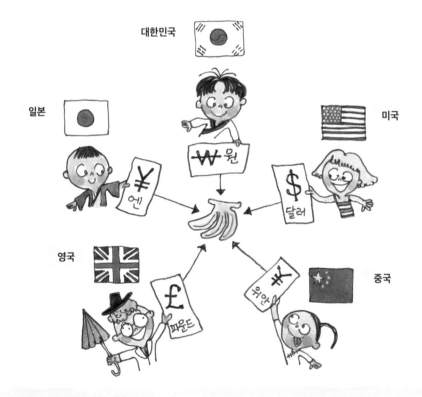

우리나라는 원, 일본은 엔, 미국은 달러, 영국은 파운드, 중국은 위안을 써요.

저장 수단

 큰돈이 필요하거나 돈을 벌 수 없을 때를 대비해 일정 금액을 모으는 걸 '저축'이라고 해요. 은행에 저축하면 돈을 잃어버릴 염려도 없고 필요할 때 찾아 쓰기도 편해요. 저축은 크게 예금과 적금 두 가지로 나눌 수가 있어요. 은행에 예금 또는 적금을 하면 '이자'를 받을 수 있답니다.

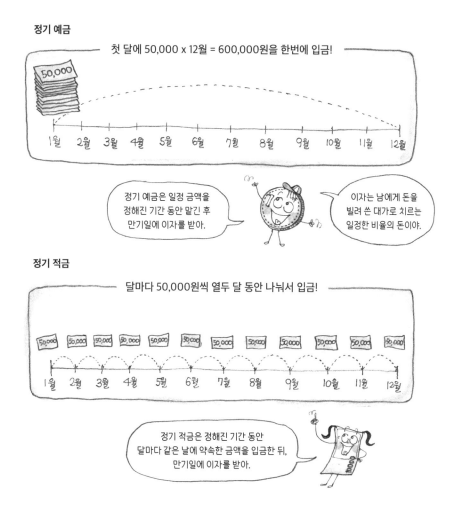

정기 예금

첫 달에 50,000 x 12월 = 600,000원을 한번에 입금!

1월 2월 3월 4월 5월 6월 7월 8월 9월 10월 11월 12월

정기 예금은 일정 금액을 정해진 기간 동안 맡긴 후 만기일에 이자를 받아.

이자는 남에게 돈을 빌려 쓴 대가로 치르는 일정한 비율의 돈이야.

정기 적금

달마다 50,000원씩 열두 달 동안 나눠서 입금!

1월 2월 3월 4월 5월 6월 7월 8월 9월 10월 11월 12월

정기 적금은 정해진 기간 동안 달마다 같은 날에 약속한 금액을 입금한 뒤, 만기일에 이자를 받아.

돈은 무엇일까요?

　돈을 무작정 좋아하는 건 나쁜 걸까요? 그럼 돈을 나쁘다고 생각하는 건 옳은 걸까요? 돈이 많은 사람은 당당하고, 돈이 없는 사람은 부끄러워해야 할까요? 도대체 사람에게 돈은 뭘까요? 돈에 대한 생각을 마음껏 꺼내 보세요.

Ⓦ '돈' 하면 떠오르는 단어를 자유롭게 써 보세요.

20

ⓦ '돈'이 살아 있다면 어떤 말을 해 주고 싶나요?

저에 대한 어떤 얘기든지
다 들려주세요.

안녕, 포켓카드

'이걸 까맣게 잊고 있었다니.'

강하는 반짝이는 금빛 봉투를 조심스레 열었다. 3학년 때부터 모은 포켓카드가 보였다. 강하 입꼬리가 쓱 올라갔다. 포켓빵이 유행하기 전, 강하는 포켓카드를 사 모으는 데 열을 올렸다. 에너지 점수가 높은 카드가 나왔을 때의 기분은 쌍쌍바를 가르지 않고 한꺼번에 입에 넣는 것만큼이나 달콤했다.

3학년 때 같은 반이었던 민주는 포켓카드 스페셜 세트를 몇 개나 가지고 있었다. 강하는 그런 민주가 부러웠다. 영어 시험을 백 점 맞을 때마다 엄마가 원하는 걸 사 준다고 자랑하던 민주는 최신형 휴대전화, 12색 형광펜, 그리고 한정판 캐릭터 열쇠고리까지, 말 그대로 없는 게 없었다.

강하는 문구점을 들를 때마다 포켓카드, 구슬 슬라임, 입에서 탁 터지는 번개 사탕, 그리고 게임팩까지 사고 싶은 게 계속 늘어났다. 사고 싶은 게 많아지니 용돈 4,000원이 적게만 느껴졌다. 불과 얼마 전까지만 해도 3학년 때보다

1,000원이나 더 받는다고 좋아했는데 말이다.

강하가 문구점에서 본 걸 사고 싶다고 할 때마다 아빠와 엄마는 '그런 건 용돈을 차곡차곡 모아서 사는 거란다.' 하고 말한다.

'우리 엄마는 내가 단어 시험 백 점을 맞아도 머리 한 번 쓰다듬고 마는데…… 게다가 뭘 사 달라고 할 때마다 그게 왜 필요하냐, 비슷한 거 있으니 그거 쓰면 되지 않느냐 잔소리만 늘어놓는데…….'

잠시 생각에 빠져 있던 강하는 두 눈을 크게 껌뻑였다. 그러고는 금빛 봉투에 애지중지 숨겨 둔 카드를 꺼내 준휘한테 가져갔다.

"야, 박준휘. 너 이거 갖고 싶다고 했지?"

손에 쥐고 있던 카드를 펼치며 강하는 준휘 표정을 흘깃 살폈다.

"와, 몬스터 엑스 포켓카드잖아? 멋지다! 이거 나 주라."

"음, 그냥은 안 되고, 1,000원에 사."

"1,000원? 형아 너무해. 한 팩에 10장 들어 있는 게 1,500원이잖아. 그리고 나 500원밖에 없어."

"야, 박준휘. 카드 한 팩에 몬스터 엑스는 한 장 들어 있을까 말까야. 내가 작년에 이거 구한다고 카드를 몇 팩이나 샀는데."

강하는 잠시 생각에 빠졌다.

'500원이라도 받고 팔까? 아니면 안 판다고 할까? 아니야. 내가 지금 필요한 건 돈이지 몬스터 엑스 포켓카드가 아니잖아. 500원이라도 받고 파는 게 낫겠어.'

"인심 썼다. 특별히 500원에 모실게. 이거 구하기 엄청 힘든 거 알지?"

"앗싸! 형아, 고마워. 내일 학교에 가져가서 자랑해야지."

준휘는 카드를 손에 쥐고는 발을 동동 구르며 거실을 뛰어다녔다. 그러고는 지갑에서 500원을 꺼내 강하한테 건넸다. 강하는 뿌듯한 미소를 머금은 채로 준휘에게 받은 500원짜리 동전을 몇 번이나 만지작거렸다.

'준휘한테 받은 500원에 다음 주 용돈으로 4,000원을 더 받을 거니까, 이제 500원만 더 모으면 5,000원을 만들 수 있어. 그럼 포켓빵 두 개를 살 수 있겠지? 업그레이드 된 띠부씰도 모으고 인증샷도 남겨서 자랑해야지. 아, 근데 나머지 500원은 어디서 구하지?'

카드 판 돈	일주일 용돈	합계
500원	4,000원	4,500원

필요한 돈	마련한 돈	모자란 돈
5,000원	4,500원	500원

들뜬 마음도 잠시, 모자란 500원을 어떻게 마련할지가 고민이었다.

'3일 만에 500원을 만들어야 하는데, 방법이 없을까?'

강하는 학원 숙제가 머리에 들어오지 않았다. 괜히 연필을 굴려 보고, 지우개를 조각조각 잘라도 봤지만 500원을 마련할 또렷한 방법이 떠오르지 않았다.

"강하야, 숙제 다 해 가니? 저녁 준비 다 됐는데."

"네! 알겠어요, 엄마."

방까지 풍겨 오는 짭조름하고 구수한 된장찌개 냄새가 입맛을 돋웠다. 강하는 방문을 열고 나와 서둘러 식탁에 앉았다.

"잘 먹겠습니다."

용돈이 모자라다면?

왜 모자란지 생각해요

최근에 용돈을 어디에 얼마나 썼는지 생각해 봅니다. 문구점이나 편의점에서 자주 산 게 무엇인지 떠올려 보세요.

계획을 세워요

사고 싶은 물건에 우선순위를 따져서 꼭 사야만 하는 이유를 생각해요. 큰돈이 필요한 일이라면 긴 기간을 두고 계획을 세워야 해요. 고민을 많이 하고 산 물건일수록 만족감이 크다는 사실을 잊지 말아요.

부모님과 의논해요

아껴 쓰는데도 용돈이 턱없이 모자라다면 부모님과 솔직하게 이야기를 나누어 보세요.

추가 용돈을 벌어요

시간과 노력을 들여서 모자라는 용돈을 벌어 보세요. 부모님과 상의해 용돈을 받을 수 있는 집안일이나 심부름을 몇 가지 정해 두면 좋아요.

희소 마케팅

사람들이 특정 캐릭터의 띠부띠부씰에 열광하는 까닭이 뭘까요? 아마 여러분도 평범한 캐릭터보다 특별한 이야기가 있는 캐릭터를 더 갖고 싶을 거예요. 돈을 더 많이 주고도 사려는 사람이 생기면 가치가 오르기 마련이지요. 반대로 누구나 팔고 싶어 한다면 물건의 가치는 어떻게 될까요? 당연히 값이 떨어지겠지요. 이처럼 특별한 것을 가지려는 마음을 이용한 판매 방식을 '희소 마케팅'이라고 해요. 비슷한 말로 '헝거(Hunger) 마케팅'이 있어요. '헝거(Hunger)'는 배고픈 사람이라는 뜻으로 소비자들을 배고픈 상태로 만들어 물건을 사도록 부추긴다는 말이에요.

32

리셀 시장

리셀(Resell)은 영어로 '되팔다'라는 뜻이에요. 한정판이나 비싼 물건을 사고파는 중고 거래의 한 유형이지요. 한정판 제품을 산 가격보다 더 비싸게 되팔아 수익을 내는 일도 있어요. 중고 제품을 제값보다 더 비싸게 사려는 사람들이 있냐고요? 누구나 쉽게 가질 수 없는 '희소성'을 중요하게 생각하는 사람들이 이런 물건을 사겠지요.

'오프화이트'와 '나이키'가 협업해서 2017년에 만든 한정판 신발 '조던1 X 오프화이트 레트로 하이 시카고 더 텐' 같은 경우는 발매 당시 값이 20만 원대였는데, 지금은 1,000만 원까지 치솟았어. 정말 놀랍지?

와, 저걸 사려면 나랑 내 친구들이 도대체 얼마나 필요한 거야?

심부름값

"형아, 나 사실은 3,000원 있지롱."

"컥!"

강하는 찌개 국물이 밴 밥알을 내뱉고 말았다. 식탁 위에 밥알이 후두둑 쏟아졌다. 씩씩거리던 강하는 화를 참지 못하고 준휘에게 소리를 질렀다.

"야, 박준휘! 너 거짓말한 거야? 너 진짜 가만 안 둘 거야."

"형아도 지난번에 나 속였잖아. 나한테 게임팩 빌려준다고 하고는 서준이 형한테 먼저 빌려줬잖아!"

"애들이! 밥 먹다가 왜 싸우고 난리야. 그만해."

엄마 눈빛이 서늘해졌다. 싸한 분위기를 감지한 강하는 솟구치는 화를 억눌렀다.

'박준휘, 가만 안 둬. 담에 꼭 갚아 줄 거야.'

강하는 준휘를 노려보며 부드득 이를 갈았다. 준휘는 얄밉게도 밥 한 공기를 더 떠서는 쩝쩝 소리를 내며 다 먹었다. 그러고는 휴대전화를 들고 안방으로 사라졌다. 강하는 붉게

달아오른 얼굴로 리모컨을 만지작거렸다.

"아빠가 아이스크림 먹고 싶다는데, 누가 사 올래?"

강하 눈이 반짝였다. 용돈을 벌 수 있는 절호의 기회였다.

"어머니, 제가 다녀오겠습니다."

"얘는 꼭 이럴 때만 어머니라고 하네, 무슨 꿍꿍이야?"

준휘가 도마뱀 영상에 빠져 있는 동안 강하는 두 볼을 빵빵하게 부풀린 채로 엉덩이를 흔들며 두 손을 내밀었다.

"얘가 도대체 왜 이래. 5,000원 줄 테니까, 아이스크림 네 개 골라서 사 오세요."

오랜만에 보는 5,000원짜리 지폐였다. 지폐에 그려진 율곡 이이 할아버지가 강하를 보고 웃는 것만 같았다. 강하는 5,000원을 주머니 깊숙이 밀어 넣고 엄마가 건넨 장바구니를 들고 씽씽 할인점으로 갔다.

씽씽 할인점은 강하와 친구들이 자주 들르는 곳이다. 집에서 조금 멀지만 다른 곳보다 아이스크림 종류가 많아 구경하는 재미가 쏠쏠하고 무엇보다 편의점보다 할인을 많이 해 주기 때문이다.

'5,000원으로 네 개를 사라는 말이지. 음…… 내가 좋아하는 콘 아이스크림은 1,500원이니까, 네 개를 사면(1,500원×4개=6,000원) 1,000원이 모자라네. 그럼 안 되겠다.'

가게 안에서 한참을 고민하던 강하는 600원짜리 막대 아이스크림 두 개, 1,200원짜리 콘 아이스크림 한 개, 그리고 1,000원짜리 떠먹는 아이스크림 한 개를 바구니에 담았다.

상품명	수량	가격
막대 아이스크림 600원	2	1,200원
콘 아이스크림 1,200원	1	1,200원
떠먹는 아이스크림 1,000원	1	1,000원
		합계 : 3,400원

강하는 두 손 가득 아이스크림을 들고 키오스크*로 다가갔다. 바코드를 찾아 찍는 곳에 갖다 대니 '삑, 삑, 삑, 삑.' 소리가 났다.

키오스크(kiosk, 무인 단말기)

키오스크는 원래 신문이나 음료 등을 파는 간이 판매대나 작은 매점을 가리키는 말이었어요. 지금은 마트, 식당, 편의점에서 사람을 대신해 주문과 결제를 하는 기계를 말해요. 가게 운영비를 줄일 수 있어 키오스크를 쓰는 가게는 점점 더 늘어나고 있어요.

"결제할 금액은 3,400원입니다."

'앗싸!'

카드 결제는 파란색, 현금 결제는 빨간색 버튼을 누르라는 안내 문구가 떴다. 강하는 빨간색 버튼을 누른 후 5,000원 짜리 지폐를 곱게 펴서 넣었다. 그러자 '챙챙챙' 소리와 함께 500원짜리 동전 세 개와 100원짜리 동전 하나가 거스름돈 구멍으로 나왔다.

거스름돈
5,000원 - 3,400원 = 1,600원
500원 3개 + 100원 1개 = 1,600원

'이건 볼 때마다 신기하단 말이야, 정말 똑똑한 녀석이야.'

강하는 거스름돈을 주머니에 넣고 집으로 달려갔다. 발걸음이 솜털같이 가벼웠다.

"다녀왔습니다. 엄마가 좋아하는 부라보콘 한 개, 준휘가 좋아하는 와 한 개, 아빠랑 내가 좋아하는 돼지바 두 개, 그리고 거스름돈 1,600원 여기 있습니다."

"강하도 콘 좋아하잖아?"

"오늘은 돼지바가 먹고 싶어서요."

"엄마가 부라보콘 좋아하는 건 어떻게 알았어? 거스름돈도 잘 챙겨 오고, 수고했어. 500원은 심부름값이야."

역시나 강하의 예상은 틀리지 않았다. 강하는 그토록 바라던 500원을 손에 넣자 입이 귀에 걸렸다.

"고맙습니다. 어머니, 그런데 부라보콘은 무슨 맛이에요?"

엄마 입꼬리가 살짝 올라가더니, 강하에게 부라보콘을 내밀었다. 강하는 입을 힘껏 벌려 부라보콘을 베어 물었다. 바삭한 과자와 함께 초코가 묻은 바닐라 아이스크림이 입안에서 사르르 녹았다.

'돼지바도 먹고, 부라보콘도 먹고, 마침 필요했던 500원도 심부름값으로 받다니! 이건 세 마리 토끼를 잡은 거나 다름없어. 야호! 신난다.'

그런데 왠지 모르게 강하 뒤통수에서 따가운 시선이 느껴졌다. 뒤돌아보니 준휘가 강하를 노려보고 있었다.

"형아, 나빠. 왜 혼자 갔어! 나도 심부름할 수 있는데, 엄마 미워."

강하는 떼를 쓰는 준휘를 보며 쌤통이라 생각했다. 방으로 들어온 강하는 지갑에 심부름값으로 받은 500원을 넣었다. 반짝이는 동전 두 개가 보였다. 두 마리 학이 하늘로 날아오르며 강하에게 윙크를 하는 것 같았다. 포켓빵 살 생각에 가슴이 콩닥거렸다.

합리적 소비

　돈이 있으면 여러 가지 선택을 할 수 있어요. 아마 사람들이 돈을 좋아하는 까닭일 거예요. 하지만 돈은 마르지 않는 샘물처럼 계속 생겨나지 않아요. 사람마다 쓸 수 있는 돈은 정해져 있어요. 이건 어른들도 마찬가지예요. 정해진 돈으로 가장 큰 만족을 얻으려면 '선택'을 잘해야 해요. 선택을 잘하기 위해서는 나만의 '소비 기준'이 필요하지요.

　아이스크림을 고를 때도 맛, 종류, 값에 따라 서로 다른 걸 골라요. 아이스크림 하나를 사도 저마다 취향에 따라 다른 걸 고르는 것처럼 우리는 물건을 살 때 여러 가지를 따져 보고 결정을 한답니다.

　소비 기준은 사람마다 달라요. 디자인을 보고 살 수도 있고, 성능이나 브랜드를 보고 살 수도 있어요. 또 어떤 물건을 사느냐에 따라서 기준이 달라질 수도 있어요. 청소기를 살 때는 성능이 중요하지만, 꽃병을 살 때는 디자인이 중요할 수도 있지요.

　나에게 이 물건이 왜 필요한지 정확하게 알고 소비 기준을 세우면, 적은 시간과 돈을 들여 큰 만족을 얻는 '합리적 소비'를 할 수 있어요.

ⓦ 나에게 필요한 물건을 골라 소비 기준을 적어 보세요.
그리고 왜 그 기준을 세웠는지 생각해 보세요.

• 필요한 물건 :

• 소비 기준 (가격, 모양, 성능, 품질, 브랜드 등)

착한 소비란?

기업들은 제품을 많이 팔기 위해 싼 가격에 성능이 좋은 물건을 만들려고 노력해요. 그러다 보면 물건이 만들어지는 과정에서 비윤리적인 일들이 일어나기도 하지요.

노동자들에게 정당한 대가를 주지 않거나 열악한 환경에서 일하게 하는 거예요. 또 무자비하게 동물 실험을 하거나 환경을 위한 노력을 하지 않고 제품을 생산하기도 해요.

최근 들어 이런 비윤리적인 기업의 제품을 사지 않고, 사회적인 가치를 따지며 소비하는 사람들이 늘어나고 있어요. 나의 소비가 이웃과 세계, 더 나아가 환경에 어떤 영향을 끼칠지 생각하며 '착한 소비'를 하는 거지요. 제품의 가격과 성능은 눈으로 확인할 수 있지만, 물건이 만들어지기까지 눈에 보이지 않는 과정에도 관심을 기울여야 해요.

소비자가 실천할 수 있는 착한 소비

| 환경을 생각한 '친환경' 제품 이용 | 지역에서 생산된 '로컬푸드' 제품 이용 | 탄소 배출을 줄이는 동네 시장 이용 | 동물 학대 없는 '동물 복지' 제품 구매 |

착한 소비를 위한 인증 마크

숲을 보호하는 종이는 FSC 인증

국제산림협의회(Forest Stewardship Council) FSC 인증마크가 붙은 제품을 구매하면 숲을 보호하고 지구를 지키는 셈이에요. 포장지, 기저귀, 종이팩, 포장 상자 등에서 FSC 인증 마크를 찾아보세요.

오~ 튼튼한데.

동물까지 생각하는 리핑 버니 인증

화장품 실험용으로 수많은 토끼가 희생된다는 사실을 알고 있나요? 리핑 버니(Leaping Bunny) 마크는 제품을 생산하는 모든 과정에서 동물 실험을 하지 않았다는 뜻이에요.

토끼야! 건강하게 자라렴.

책임 다운 기준 RDS 인증

RDS(Responsible Down Standard)는 오리와 거위의 먹이, 건강, 위생 같은 생활 환경을 관리하고, 깃털을 채취할 때도 고통을 줄이려고 노력한 제품에 부여하는 마크예요.

오리야, 미안해!

공정 무역 인증

공정 무역은 개발도상국의 소규모 생산자에게 투명하고 공정한 방식으로 정당한 대가를 지불하는 무역이에요.

공정 무역 제품이라 더 맛있네.

WFTO의 공정 무역 10대 원칙

소외된 생산자를 위한 기회 제공

투명성과 책무성

공정한 무역 관행

공정한 가격 지불

아동 노동과 강제 노동 금지

차별 금지, 성 평등 단결의 자유

올바른 노동 조건

생산자의 역량 강화 지원

공정 무역 홍보

환경 보호

마음 불편한 날

학교 수업을 마치자마자 강하는 서둘러 서진이한테 문자를 보냈다.

> 서진아, 나 일요일에 시간 돼. 농구 끝나면 연락해.
> 난 포켓빵 두 개 살 거야. 그날 보자.

반 친구들은 망고 맛 슬러시를 먹으러 은빛 문구점으로 우르르 몰려갔다.

"강하야, 너도 슬러시 먹을 거야?"

"오늘은 슬러시 별로야, 다음에 먹지 뭐."

'망고 맛 슬러시보다 새로 나온 포켓빵 맛이 더 궁금해. 빵 안에 든 띠부띠부씰을 파일에 끼워 두면 얼마나 뿌듯한데. 슬러시랑은 비교가 안 되지.'

강하는 띠부띠부씰로 가득 찬 파일을 상상하며 은빛 문구점 앞을 지나갔다. 그때 발밑에 무언가가 밟혔다.

'어, 이게 왜 여기 떨어져 있지?'

귀퉁이가 살짝 뜯긴 포켓카드였다. 봉지를 뜯어 캐릭터만 확인하고 바로 버린 게 틀림없었다. 강하는 주위를 둘러보고 얼른 카드를 주워 주머니에 넣었다. 훔친 것도 아니고, 쓰레기통 옆에 떨어진 걸 주웠을 뿐인데 기분이 이상했다.

강하는 집에 오자마자 책가방을 벗지도 않고 카드 봉지를 뜯었다.

'앗싸! 나한테 없는 캐릭터잖아? 안 그래도 준휘한테 500원에 넘긴 몬스터 엑스 포켓카드가 눈에 아른거렸는데, 잘됐다.'

거실 바닥에 나란히 카드를 펼쳐 놓고 있는데 준휘가 왔다.

"형아, 포켓카드 샀어?"

"아니거든."

"그럼 어디서 났는데, 설마 친구가 준 거야?"

강하는 준휘에게 카드를 주웠다고 솔직하게 말하기가 왠지 부끄러웠다. 강하가 우물쭈물하는 동안 '띠리릭' 소리가 들렸다. 엄마였다.

"엄마, 형아가 포켓 카드 새로 샀으면서 아니래요."

"강하 너, 카드 어디서 난 거야?"

"그게 사실은…… 문구점 앞에서 주웠어요. 쓰레기통 옆에 입구만 뜯긴 카드 봉지가 떨어져 있길래……."

사실대로 말한 강하는 그제야 목구멍에 숨이 트이는 것 같았다. 두 눈을 떨구고 카드 봉지를 만지작거리고 있는 강하에게 엄마가 말했다.

"다음부터는 문구점 주인아저씨한테 가져가도 되는 건지 물어 봐. 그나저나 요즘 애들은 돈을 너무 쉽게 쓰네. 사자마자 버릴 걸 왜 사는지……."

엄마가 혀끝을 차며 중얼거렸다. 강하는 포켓카드를 서랍에 집어넣고 소파에 털썩 주저앉았다. 배에서 꼬르륵 소리가 요란하게 울렸다.

"이런, 냉장고가 텅텅 비었네. 마트에서 장 보는 김에 저녁도 밖에서 해결하고 오자. 어때?"

"오예, 이게 얼마 만에 마트야? 시식 많이 해야지."

만두와 소시지를 좋아하는 준휘가 한껏 신이 났다. 강하도 오랜만에 외식이라 마음이 설레었다.

'바삭한 돈가스도 먹고 싶고, 새콤달콤한 탕수육도 먹고 싶고, 그러고 보니 햄버거 먹은 지도 오래됐어. 다 먹고 싶다. 윽, 도저히 못 고를 거 같아.'

강하가 입속 가득 고인 침을 삼킬 동안 엄마는 아빠에게 전화를 걸었다.

"여보, 오늘 저녁은 밖에서 먹을까 하는데 퇴근하면 곧바로 홈마트로 올래요?"

마트에 도착한 강하네는 카트를 밀고 식품관부터 갔다. 강하와 준휘가 시식을 하는 동안, 엄마는 카트에 시리얼과 우유, 갖가지 채소와 과일, 고기를 잔뜩 담았다. 계산을 마치고 주차장으로 내려가려는데 익숙한 목소리가 들렸다.

"야, 박강하! 너도 포켓칩 게임 하러 왔어?"

갖고 싶은 건 뭐든 다 가진 민주였다. 민주의 가방은 오늘도 볼록했다.

"줄이 길어서 한 번 하려면 엄청 기다려야 해. 난 한 시간 기다리다가 겨우 했어."

"포켓칩 게임?"

"응, 요즘 엄청 유행이잖아? 너 안 해 봤어?"

강하는 민주가 말한 포켓칩 게임이 갑자기 궁금해졌다. 민주와 헤어지고 나서 강하는 엄마를 조르고 졸라 포켓칩 게임을 하러 갔다. 민주 말대로 게임기 앞에는 사람이 북적였고, 꼬불꼬불 줄도 길었다. 엄마는 지루한 표정으로 도대체 언제까지 기다려야 하냐고 물었지만, 강하와 준휘는 포켓 잡는 걸 구경하느라 대답할 겨를이 없었다.

드디어 강하 차례가 다가왔다. 강하는 엄마에게 받은 500원짜리 동전 세 개를 구멍에 넣고 시작 버튼을 눌렀다. 공격할 포켓을 정하고 양쪽 버튼을 두다다다 두드리니 공격 에너지 숫자가 커졌다. 강하는 아랫배에 힘을 주고 또 한 번 버튼을 사정없이 두들겼다.

'포획 성공, 포켓을 칩에 담으려면 추가 금액을 넣으세요.'

잡은 포켓을 칩에 넣어 가려면 500원짜리 동전 두 개가 더 필요했다. 강하는 엄마를 힐끔 쳐다봤다.

"엄마, 1,000원만 더 주시면 안 돼요?"

"얘는 무슨 또 1,000원이야! 방금 돈 줬잖아."

"칩 받으려면 또 돈을 넣어야 하나 봐요."

"엄마는 1,500원이 마지막이라고 했어. 칩 갖고 싶으면 강하, 네 용돈으로 사."

버튼을 두드리느라 붉어진 두 손만큼이나 강하의 두 뺨도

발그레 달아올랐다.

'포켓빵 사려고 모은 1,000원을 칩을 사는 데 쓸까? 칩도 사고 싶고 빵도 사고 싶은데 어쩌지?'

화면에는 게임 종료 시간을 알리는 카운트다운이 시작됐다. 강하는 애써 잡은 포켓이 달아날까 봐 잽싸게 지갑을 열어 500원짜리 동전 두 개를 구멍에 넣었다.

'포획 성공! 칩을 꺼내세요.'

화장실을 다녀온 준휘가 반짝이는 포켓칩을 들고 있는 강하에게 달려들었다.

"형아, 한 번만 만져 보자. 응, 응?"

"안 돼, 저리 가."

"형아, 나빠! 흥 칫 뿡. 고작 칩 하나 가지고."

입을 삐죽거리던 준휘는 아빠 손을 잡고 주차장으로 내려갔다. 강하에게는 고작 칩 하나가 아니었다. 포켓빵 한 개를 포기하게 만든 칩이다. 버튼을 두들기느라 얼얼해진 손바닥을 보니 짜증이 밀려왔다. 물끄러미 포켓칩을 바라보던 강하

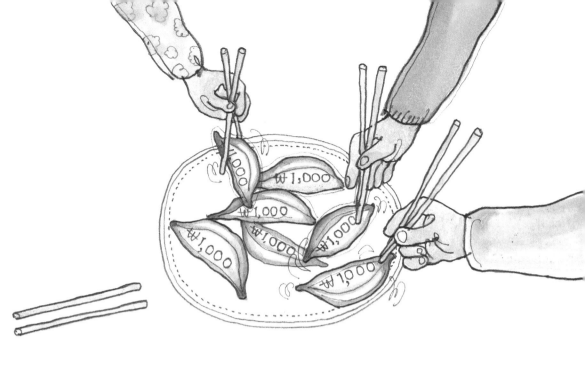

는 문득 자신이 원망스러웠다. 강하는 다시 1,000원을 모을
생각을 하니 한숨이 절로 나왔다.

'휴, 민주를 만나지만 않았어도……, 아니 포켓칩을 꺼내지
않았다면 1,000원을 쓸 일도 없었을 텐데.'

오랜만에 간 중국집에서 강하만 혼자 젓가락을 느리게 움
직였다.

"형아, 만두 안 먹을 거지? 이거 내가 마저 먹는다."

용돈을 어떻게 쓸까?

사실 돈은 얼마를 버는지보다 어떻게 쓰느냐가 훨씬 중요해요. 아무리 돈을 많이 벌어도 계획 없이 쓰기만 하면, 돈이 필요할 때 돈 때문에 어려움을 겪을 수가 있거든요. 돈을 소중하게 다뤄야 행복하게 살 수 있다는 얘기예요.

피해야 할 소비 습관

여러분도 강하처럼 순간 혹해서 돈을 썼다가 '에이, 그러지 말걸.' 하고 후회한 적이 있을 거예요. 다른 사람 말만 믿고 충동적으로 물건을 산다든지, 다들 사니까 분위기에 휩쓸려 돈을 쓴다거나, 멋진 사람처럼 보이려고 분수에 맞지 않는 물건을 사는 경우들이에요.

기회비용

사람은 누구나 많은 순간에 선택과 포기를 하면서 살아요. 아마 여러분도 지금까지 수많은 선택과 포기를 했을 거예요. 강하가 포켓빵을 포기하고, 포켓칩을 선택한 것처럼요. 하고 싶거나 갖고 싶은 것 중 하나를 선택하면, 다른 하나는 포기해야 하는데 이때 포기한 걸 '기회비용'이라고 해요. 한정된 자원에는 모두 기회비용이 생겨요.

**기회비용은 실제 돈이 들어간 비용이 아니라 포기했기 때문에
사라진 기회의 가치를 말하는 거랍니다.**

돈뿐만 아니라, 시간도 한정된 자원이에요. 학교 수업을 마치고 학원에서 공부할지, 게임을 할지 선택해야 할 때, 학원을 선택했다면 학원에 가는 것의 기회비용은 게임을 하는 거예요.

이처럼 합리적인 선택을 하기 위해서는 내게 더 소중한 것, 기회비용이 더 적은 것을 선택해야 후회할 일이 줄어들어요. 물론 이건 사람마다 달라요.

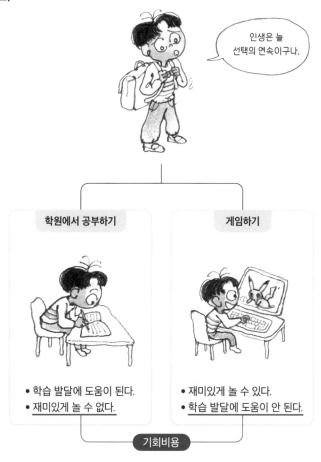

인생은 늘 선택의 연속이구나.

학원에서 공부하기

게임하기

• 학습 발달에 도움이 된다.
• 재미있게 놀 수 없다.

• 재미있게 놀 수 있다.
• 학습 발달에 도움이 안 된다.

기회비용

충분히 고민하고 돈 쓰기

소비하기 전에 꼼꼼히 따져 보는 습관을 들이는 게 좋아요.

꼭 필요한 걸까?
사게 되면 뭐가 좋을까?

대신할 만한 물건이
있는 건 아닐까?

광고를 보고
혹해서 사고 싶은 걸까?

친구가 쓰는 게 좋아 보여
사고 싶은 건 아닐까?

이걸 사면, 대신
어떤 걸 포기해야 할까?

ⓦ 충분히 고민하며 쓰는 돈은 '나'를 알아 가는 데도 도움이 돼요.
내 마음의 소리에 귀 기울여 보세요.

휴~ 물건 하나
사는 데도 이렇게 많은
고민이 필요하다니!

그래야
후회가 없는 거야.
어때? 네 취향에
대해서 다시 한번
확실히 알게 된 것
같지 않니?

얼마 받을 수 있어요?

"아빠, 오늘 먹은 탕수육, 진짜 맛있었어요!"

"준휘는 아빠보다 더 많이 먹는 거 같더라."

"아빠, 제 배 한번 만져 보세요. 엄청 볼록해요."

준휘와 아빠가 서로 배를 내밀며 이야기하는 동안 강하는 포켓칩을 책가방 안주머니에 넣었다.

'어떻게서든 1,000원을 다시 모아야겠어.'

굳은 각오를 다진 강하는 집에 돌아오자마자 엄마와 아빠를 졸졸 따라다녔다.

"아빠, 혹시 심부름시킬 거 없어요?"

"엄마, 내가 빨래 개는 거 도와줄까요?"

강하는 현관 앞 신발을 정리하고, 준휘가 볼일 보고 안 내린 화장실 변기 물도 내렸다. 물컵을 씻고, 거북이 밥을 챙기고, 화분에 물도 줬다. 엄마와 아빠가 두 눈을 휘둥그레 뜨고 강하를 지켜봤다. 강하는 머리를 긁적이며 멋쩍은 표정으로 말했다.

"집안일 다섯 가지 했는데, 용돈 얼마 줄 수 있어요?"

강하가 자기가 한 일을 구구절절 읊으려고 하니, 엄마는 언짢은 듯 고개를 흔들며 강하에게 500원을 내밀었다.

'오예, 용돈 벌었다. 생각보다 쉽게 벌 수 있는 거잖아. 왜 여태 이 방법을 몰랐지?'

강하는 자신이 할 수 있는 집안일을 생각하느라 잠이 오지 않았다. 오히려 용돈 벌 생각을 하니 정신이 더 또렷해졌다. 포켓빵은 물론 문구점에서 본 흔들면 불이 들어오는 볼펜과 햄버거 모양 지우개까지 눈앞에서 아른거렸다.

₩100

₩100

₩100

₩100

₩100

다음 날 아침, 평소보다 일찍 일어난 강하는 아빠를 따라다니며 '이거 하면 용돈을 얼마 받을 수 있어요?'를 끊임없이 물었다.

"택배 상자, 분리배출 함에 넣고 오면 얼마 줄 거예요?"

"음식물 쓰레기 버리는 건 얼마예요?"

"냉장고에 반찬통 넣는 것도 용돈 받을 수 있어요?"

"옷걸이에 벗은 옷 거는 건요?"

강하가 물어볼 때마다 아빠 표정이 점점 어두워졌다. 출근 준비를 하며 강하가 묻는 말에 1,000원, 500원, 100원…….
대답을 하던 아빠가 갑자기 눈을 부릅뜨며 강하를 봤다.

"강하야, 용돈을 받지 않아도 스스로 해야 할 일이 있는 거야. 당연히 해야 할 일을 용돈을 받아야 하는 일로 생각하지 않았으면 좋겠다. 알겠니?"

강하는 순간 머리가 띵 했다. 용돈을 받을 수 있는 일인지, 얼마를 벌 수 있는지 궁금해서 물어본 것뿐인데, 아빠가 큰 잘못을 한 것처럼 말하니 속이 상했다. 아빠와 강하를 둘러

싼 주변 공기가 꽁꽁 얼어붙는 듯했다.

"아빠도 예전에 할머니한테 혼나 봐서 알아. 말끝마다 용돈 줄 거냐고 물어보면, 가족을 위해 일하는 아빠와 엄마 기분이 좋을 리가 없겠지. 강하 너, 엄마가 학습지 안 풀면 옷도 안 빨아 주고, 밥도 안 준다고 하면 어떨 거 같아? 10년 뒤, 어른이 돼서 독립하면 그때는 스스로 해야 할 일들이야. 지금은 엄마나 아빠가 대신해 주는 거고."

강하는 지우개를 빌려주고 100원을 내놓으라던 1학년 때 짝꿍이 떠올랐다. 그 짝꿍은 강하가 하늘색 색연필을 빌려 달라고 할 때도, 풀과 가위를 빌려 달라고 할 때도 그냥 빌려 준 적이 없었다. 강하는 그때 기분이 떠오르면서 용돈을 벌 생각만 한 자신이 갑자기 부끄러웠다.

'그래 맞아, 뭘 바라지 않고 해야 하는 일도 있는 건데…….마음을 빌리고 빌려주는 건 돈으로도 바꿀 수 없는 거였어.'

강하는 가방을 메고 집을 나섰다. 학교 가는 길에 노란 깃발을 들고 서 있는 할아버지가 보였다. 입김이 모락모락 피어

나는 겨울에도, 뜨거운 햇볕이 내리쬐는 여름에도 신호등이
없는 건널목을 책임지는 할아버지였다.

할아버지는 오늘도 웃는 얼굴로,

"어이쿠, 춥지? 어서어서 조심히 건너가세요."

라고 했다. 강하는 꾸벅 인사를 하고 길을 건넜다.

용돈 벌기

집안일하기, 안 쓰는 중고 물건 팔기, 재능으로 돈 벌기처럼 부모님과 의논하여 스스로 용돈을 벌 수 있는 방법을 찾아보세요. 돈의 소중함 뿐 아니라 노동의 가치까지도 깨닫게 될 거예요.

실내화 빨기, 재활용 쓰레기 분리배출 하기, 빨래 개기처럼 용돈을 벌 수 있는 집안일을 정해 보세요.

다 읽은 책이나 장난감처럼 안 쓰는 물건을 중고 시장에 파는 것도 좋아요.

글과 이미지, 영상 등을 직접 만들어 유튜브에 올리거나 동생에게 책 읽어 주기, 구구단 가르쳐 주기처럼 내가 할 수 있는 재능과 능력으로 돈을 벌 수 있어요.

내가 땀 흘려 번 돈이라 그런지 더 소중해.

⊛ 용돈을 벌 수 있는 일을 써 보세요.

	할 수 있는 일	금액
노동 (집안일하기)		
물건 (중고 거래)		
재능		

그림자 노동

대가는 없지만 꼭 해야 하는 일을 '그림자 노동'이라고 해요. 쾌적한 집안 환경을 위해, 영양가 있는 식사를 준비하기 위해 애쓰는 사람이 아무도 없다면 우리 가족은 어떻게 될까요? 가정 밖 사회도 마찬가지예요. 오로지 용돈을 받기 위해서만 집안일을 하면 부모님은 매우 서운할 거예요. 가족의 한 사람으로서 집안일을 하는 건 당연해요. 어른이 되면 당연히 스스로 해야 할 일이기도 하고요. 어렸을 때부터 스스로 할 수 있는 집안일을 찾아서 하는 습관을 가져 보세요.

ⓦ 집안일 또는 심부름을 하고 용돈을 받아 본 적 있나요?

있다 (　　) 　　　　없다 (　　)

ⓦ 내가 할 수 있는 집안일을 써 보세요.

ⓦ 이 중에서 용돈과 상관없이 기분 좋게 스스로 할 수 있는
집안일은 무엇일까요?

포켓빵은 왜!

    드디어 서진이와 만나기로 한 일요일이다. 강하는 엄마에게 가까스로 받은 500원, 그리고 세탁물을 대신 찾아오고 받은 추가 용돈 500원, 여기에다 일주일 용돈 4,000원까지 더해서 겨우겨우 5,000원을 마련했다. 5,000원이면 강하가 바라던 대로 새로 나온 포켓빵 두 개를 살 수 있다. 농구 교실 간 서진이를 기다리며 강하는 중얼거렸다.

    '이번엔 꼭 내가 원하는 캐릭터가 나왔으면 좋겠다. 아 참! 잊어버리지 말고 먹기 전에 인증샷 남겨야지.'

한 일	받은 돈
집안일 돕기	500원
세탁물 찾기	500원
일주일 용돈	4,000원
시즌2 포켓빵 두 개 살 돈	합계 : 5,000원

늘 입고 다니는 검은색 운동복 차림을 한 서진이가 자전거를 타고 나타났다. 서진이는 농구를 얼마나 열심히 했는지 콧물이 주르륵 흐르는 추운 날씨인데도 앞머리가 땀에 젖어 있었다.

"강하야, 많이 기다렸어? 내가 말한 편의점은 이쪽이야. 어서 따라와."

강하와 서진이는 자전거를 타고 아파트 후문 건너편 주택가 골목으로 향했다. 강하는 처음 가 보는 길이었다. 골목 끝 전봇대를 지나니 편의점 하나가 보였다.

"저기야, 차가 올 때가 됐는데."

　편의점 앞에 자전거를 세워 두고 의자에 앉아 있는데, 흰 트럭 한 대가 멈춰 섰다. 차에서 내린 기사 아저씨가 노란 상자 세 개를 겹쳐 들고 편의점 안으로 들어갔다.

　"됐어, 지금이야. 우리도 들어가자."

　서진이는 지갑을 꺼내 계산대 앞에 섰다. 강하도 서진이를 따라 옆에 섰다.

　"저기……, 포켓빵 사려고요."

　편의점 직원이 상자 하나를 들추니 포켓빵이 보였다.

"오늘은 넉넉하게 들어와서 한 사람이 두 개까지 살 수 있겠네요."

편의점 직원 말이 떨어지기 무섭게 강하와 서진이는 망고 크림 포켓빵과 초코 크림 포켓빵을 하나씩 골랐다. 계산을 마친 강하는 양손에 빵을 들고 흐뭇한 표정으로 서진이에게 물었다.

"와, 포켓빵 두 개는 처음 사 봐. 너 여기에 편의점 있는 거 어떻게 알았어? 이 시간에 트럭이 온다는 건 또 어떻게 안 거야?"

서진이는 어깨를 으쓱하며 말했다.

"우리 형이 가르쳐 줬어. 형 학교가 이 근처잖아. 중학생들은 포켓빵 안 사 먹어서 오후 늦게까지 남아 있다고 하더라고. 말도 안 되지? 우리 동네는 없어서 못 사는데. 그래서 내가 형한테 몇 시에 들어오는지 대신 물어봐 달라고 했지."

"야, 너 진짜 똑똑하다. 일단 우리 여기에 앉아서 빵 뜯어 보자."

강하와 서진이는 편의점 앞 의자에 앉아 떨리는 마음으로 띠부띠부씰 봉지를 꺼냈다. 강하는 심장이 쿵쾅댔다. 눈을 질끈 감은 채로 띠부띠부씰 봉지를 힘껏 뜯었다.

"아, 또 잠만보야. 넌 뭐 나왔어?"

"난 이상해씨. 에이, 이거 집에 두 개나 있는데."

서진이도 강하도 원하는 띠부띠부씰이 나오지 않았다. 심지어 가지고 있는 종류가 겹쳐서 서로 바꿀 수도 없었다.

"이번에는 진짜 피카츄가 나오길 바랐는데. 어쩔 수 없지 뭐, 빵이나 먹자."

서진이는 씩씩거리며 빵을 베어 물었다. 노란 크림이 입가에 가득 묻었다.

"서진아, 잠깐만. 인증샷 남겨야지."

강하는 주머니에 있는 휴대폰을 꺼냈다.

'찰칵'

한 움큼 떨어져 나간 빵을 두 손으로 받치고 있는 서진이와 미간을 찌푸린 채 어색한 미소를 짓는 강하 모습이 그대

로 찍혔다. 강하는 반 단톡방에 사진을 올렸다.

'박강하, 이서진 이제 맛보는 거야?'

'망고 크림 생각보다 별로던데.'

'편의점 어디야? 정보 공유 좀.'

'무인 문구점에도 어제부터 포켓빵 팔기 시작함.'

"뭐야, 왜 그걸 이제 말해?"

서진이와 강하가 동시에 외쳤다. '띠링' '띠링' 알림이 울려
댔지만, 강하는 손에 묻은 노란 크림을 핥아 먹느라 바빴다.
노란 크림은 생각보다 망고 맛이 진하지 않았다. 강하는 엄
마가 해 주는 매콤한 떡볶이가 먹고 싶어졌다. 서진이는 초
코 크림 포켓빵을 몇 입 베어 먹다 휴지통에 버리고 말았다.

"도저히 다 못 먹겠어. 강하 넌 다 먹을 거야?"

"아니, 나도 두 개는 다 못 먹겠는데, 어쩌지? 이거 가져가
면 엄마한테 혼날 텐데."

"나도 억지로 먹다 버렸어. 초코 크림이 생각보다 느끼해."

강하는 초코 크림빵을 입안에 겨우 욱여넣고, 소매로 입가

에 묻은 크림을 쓱 닦아 냈다. 속이 메슥거리고 목이 말랐다.

"서진아, 혹시 물 있어?"

"농구 할 때 다 마셨지. 아, 나도 목마른데."

"관리 사무소에 정수기 있어. 일단 물이나 마시러 가자."

강하는 물을 마시고, 서진이와 자전거를 쌩쌩 탔다. 학교 운동장에서 폴짝폴짝 뛰며 농구도 하고, 그네도 실컷 탔지만 허탈한 마음이 쉽게 가시지 않았다.

'새로운 맛도, 특별한 띠부띠부씰도 없다니 이게 뭐지. 내가 오늘을 얼마나 기다렸는데, 애써 모은 돈으로 산 빵인데 다 먹지도 못하고…….'

운을 바라는 소비 습관

'이번에는 원하는 게 나올 거야.'라는 생각을 하며 뽑기를 한 적이 한 번쯤은 있을 거예요. '운'을 바라는 소비 습관은 좋지 않아요. 우연한 이익을 얻고자 행운을 바라는 건 헛된 욕심과 같거든요.

돈을 쓸 때뿐만 아니라 무슨 일이든 마찬가지예요. 원하는 걸 얻기 위해서는 그에 맞는 '노력'과 '시간'이 필요해요. 성실하고 착실하게 준비하는 사람에게 행운도 따른다는 사실을 잊지 말아요.

아무런 준비도 하지 않은 사람은 절대 좋은 결과를 얻을 수 없어요.

ⓦ 용돈을 썼다면 내가 생각하는 소비 점수를 매겨 보세요.

고민한 기간과 뿌듯한 기간이 길수록 소비 점수가 높아지겠죠?

무얼 샀나요?	고민한 기간	뿌듯한 기간	소비 점수
지워지는 볼펜	3일	6일	70점

비밀!

넌 몇 점
나왔어?

모르고 그런 건데

"앗, 형아다! 형아, 집에 같이 가자."

방과 후 교실이 없는 월요일, 준휘는 놀이터와 상가를 드나들며 강하를 기다렸다.

"형아, 은빛 문구점에 새로운 뽑기 기계 들어온 거 알아?"

"정말? 궁금하지만 이 몸은 참으련다. 어차피 돈도 없어. 어제 서진이랑 포켓빵 사는 데 다 써 버렸거든."

"뭐야, 형아! 나 빼놓고 둘이서 또? 근데 형아, 뽑기 기계 안 궁금해? 딱 구경만 하고 오는 거야. 나도 지갑 두고 와서 돈

없어.”

준휘 말이 끝나자마자 둘은 문구점으로 달려갔다. 뽑기 기계 안에는 쪽지가 들어 있는 캡슐이 가득했다. 새로 나온 뽑기 기계를 보니 강하 마음이 또 변덕을 부렸다.

‘1등 선물이 무선 이어폰이라고? 이게 말이 돼?’

텅 빈 지갑을 열어 본 강하는 얼굴이 일그러졌다. 기계 옆 휴지통 주변에는 ‘꽝, 다음 기회에’라고 적힌 종이가 수북이 쌓여 있었다.

“형아, 근데 이게 뭐야?”

준휘가 쪽지 하나를 주워 강하에게 보여 줬다. 강하가 펼쳐보니 ‘4등 당첨’이란 글자가 보였다.

“야, 박준휘, 이거 어디서 났어?”

“바닥에 떨어진 거 주웠는데?”

강하는 준휘 손을 잡고 뽑기 기계 앞으로 갔다.

‘1등 무선 이어폰, 2등 피카츄 열쇠고리, 3등 핫팩, 4등 바람개비’

"와, 4등이 바람개비네. 어쩐지 운동장에서 바람개비를 가지고 노는 애들이 많더라. 여기서 뽑은 거였네."

준휘는 티 없이 해맑은 얼굴로 말을 이어 갔다.

"형아, 그럼 이거 바람개비로 바꿀 수 있는 거 아니야?"

"어? 그, 그렇지……. 아마 그럴걸?"

준휘는 손에 들고 있던 쪽지를 문구점 아저씨에게 내밀었다. 아저씨는 아무런 의심 없이 '1분 완성 바람개비 키트'를 준휘에게 건넸다.

"대박, 공짜로 바람개비를 얻다니! 형아, 우리 뽑기 쪽지 더 있는지 찾아보자."

강하는 조금 찜찜한 기분이 들었지만 바람개비를 공짜로 얻을 생각에 손발이 빠르게 움직였다.

"형아, 나 또 찾았다. 4등이야!"

준휘는 손톱보다도 작은 종이를 대번에 또 찾아냈다.

"거봐, 내가 또 있을 거라고 했잖아."

"너 진짜 이게 어떻게 보였어? 와! 진짜 대박."

준휘는 팔짱을 끼고 싱긋이 미소를 지으며 뽑기 종이를 내밀었다. 강하는 준휘에게 받은 종이를 문구점 아저씨에게 건네며 들릴 듯 말 듯 한 작은 목소리로 말했다.

"아, 아저씨, 4등이요……."

강하는 등줄기로 또르르 땀이 흘러내리는 게 느껴졌다. 학교 앞 벤치에 나란히 앉아 바람개비를 뚝딱 조립하고 아파트 놀이터까지 바람개비를 뱅글뱅글 돌리며 뛰었다. 강하와 준휘 이마에 송골송골 땀이 맺혔다. 둘은 물통에 있는 물을 싹 비우고 집으로 들어갔다.

"다녀왔습니다."

"오늘은 같이 들어오네, 잘 다녀왔어? 웬 바람개비야? 학교에서 받았어?"

"어, 그게……."

강하가 엄마에게 어떻게 말할지 고민하던 차에 준휘가 흥분한 목소리로 말했다.

"은빛 문구점 앞에 뽑기 기계가 새로 들어왔다길래 가 보

니까, 4등이 적힌 쪽지가 바닥에 버려져 있더라고요. 그래서 제가 주워서 바람개비로 바꿨어요. 4등이 바람개비였거든 요. 히히, 근데 내가 형아 것도 주워 줬어요. 그래서 바람개 비가 두 개."

준휘는 세상 뿌듯한 표정으로 두 손가락으로 브이를 만들 며 말했다. 준휘 말을 듣던 엄마 눈빛이 갑자기 싸늘해졌다. 공짜라서 좋았다는 둥, 1등 상품이 무려 무선 이어폰이라는 둥 눈치 없이 떠드는 준휘를 보며 강하는 심장이 점점 쪼그 라들었다.

"돈을 내고 뽑기를 한 것도 아닌데, 그걸 주워서 너희들이 한 것처럼 아저씨를 속였다는 거야?"

엄마가 매서운 목소리로 말하자 강하와 준휘는 멀뚱히 서로를 바라보았다. 강하는 입술을 꾹 다문 채로 얼어붙은 것처럼 서 있었다.

엄마는 당장 강하와 준휘 손을 잡고 은빛 문구점으로 갔다. 바람개비 두 개를 아저씨에게 돌려주며 몇 번이고 죄송하다고 말했다. 그러면서 강하와 준휘에게도 죄송하다고 말하라는 눈빛을 발사했다.

엄마 뒤에 숨어 있던 준휘가 먼저 쭈뼛대며 앞으로 나왔다.

"아저씨 죄송해요. 모르고 그랬어요. 다시는 안 그럴게요."

그러고는 어깨를 들썩거리며 눈물을 보였다.

문구점 아저씨는 애들이니까 그럴 수도 있다고, 주변 청소를 제때 하지 못한 자기 잘못도 있으니, 바람개비는 그냥 가져가도 된다고 했다. 엄마는 몇 번이나 '죄송합니다.'라고 하며 문구점을 나섰다.

　강하와 준휘가 문구점에서 50시간 같던 5분을 보내는 사
이, 회색 구름을 헤치고 초승달이 빼꼼히 얼굴을 내밀었다.
강하와 준휘, 엄마가 아무 말 없이 걷는 동안 가로등 아래 비
친 길쭉한 그림자가 셋을 묵묵히 따라갔다.

물질만능주의

눈앞에 보이는 이익 때문에 잘못된 선택을 한 적 있나요?

어느 조사에서 초등학생에게 10억 원을 받는 조건으로 범죄를 저지르고 1년 동안 감옥에서 지낼 수 있겠냐고 물었더니 열 명 중 두 명이 '그럴 수 있다'고 대답했대요. 어릴 때부터 돈이 전부라 생각하면 어른이 되어서는 그 생각이 굳어져서 바꾸기가 더욱 힘들어요.

이처럼 무슨 일이든 돈으로 해결한다거나, 돈만 있으면 무엇이든지 마음대로 할 수 있다는 생각을 '물질만능주의'라고 해요. 물질만능주의는 '나만 잘살면 된다'는 사람의 이기심에서 비롯된 생각이에요.

사람으로서 가져야 할 인간 존중, 배려, 나눔 같은 가치는 하찮게 여기는 거지요. 물질만능주의에 빠지면 내 이익만 따지기 때문에 남에게 피해를 주는 일도 아랑곳하지 않아요. 제품의 소비기한을 속여서 판다거나, 안전 기준을 무시하고 건물을 짓는 것처럼 건강과 안전을 위협하는 일도 스스럼없이 저지르지요.

물질만능주의에 빠지면 가치 판단을
할 때 돈을 최우선으로 삼아요.

직업을 선택할 때 노동의 가치보다
돈을 우선으로 선택해요.

다른 사람의 건강을 위협하는 일도
스스럼없이 저질러요.

사람의 생명보다
눈앞의 이익을 먼저 생각해요.

ⓦ 돈을 쓰고 기분이 좋거나 나빴던 경우, 반대로 돈을 안 쓰고 기분이 좋거나 나빴던 경우를 생각하며 아래 빈칸을 채워 보세요.

	기분이 좋았어요	기분이 나빴어요
돈을 썼을 때	• 갖고 싶은 볼펜을 샀을 때 • 친구와 떡볶이를 사 먹었을 때	• 뽑기를 했는데 꽝이 나왔을 때
돈을 쓰지 않았을 때	• 엄마에게 칭찬을 받았을 때 • 우리 반이 단체상을 탔을 때	• 현장학습이 취소됐을 때

ⓦ 돈이 있어도 할 수 없는 일을 써 보세요.

• 무지개 다리를 건넌 강아지 다시 만나기

뽀삐야~
돈이 있는데
왜 만나지를
못 하니?

ⓦ 돈이 없어도 할 수 있는 일을 써 보세요.

• 반갑게 인사하기, 눈 마주치고 웃기

응, 안녕!
오늘 날씨가
정말 좋다.

안녕~
좋은 아침!

야무진 계획

강하는 힘없이 현관 비밀번호를 눌렀다.

'띠띠띠 드르륵.'

준휘는 평소답지 않게 배고프다며 엄마를 보채지 않았다. 강하도 엄마 눈치를 살피다 곧장 방으로 들어갔다. 널브러진 방을 정리하고 책가방을 들었는데 안에 있던 물건이 와르르 쏟아졌다. 각도기, 컴퍼스, 몽당연필, 사인펜 뚜껑, 구겨진 색종이 등이 바닥에 뒹굴었다. 문제집과 교과서를 차례로 꺼내니 밑에 깔린 포켓칩이 보였다.

‘이까짓 게 뭐라고!’

강하는 캐릭터가 그려진 칩, 카드, 띠부띠부씰이 하나같이 마음에 들지 않았다. 허무하게 쓴 용돈 때문에 동생의 잘못을 알고도 모른 척한 자신이 원망스러웠다. 침대 위에 철퍼덕 엎드린 강하는 이불로 몸을 돌돌 말았다.

"강하야, 아빠가 왔는데 나와 보지도 않고 뭐 하고 있어? 옷도 안 갈아입고 또 번데기 놀이니? 손발도 안 씻었지? 양말은 또 이게 뭐야, 너 진짜!"

강하는 엄마 잔소리를 피해 헐레벌떡 욕실로 들어갔다. 이 상하게 오늘따라 엄마 잔소리가 싫지 않았다. 마침 준휘도 후다닥 욕실로 들어왔다.

"너, 또 울었냐?"

"안 울었어. 형아는? 형아도 울었으면서."

"아니거든, 난 안 울었거든. 네가 우는 거 내가 봤거든."

"아, 진짜! 근데 아까 문구점에서 엄마도 우는 거 같던데, 봤어?"

"너 방금 '엄마도'라고 했어. 그럼 너도 운 거 맞네, 맞아."

"아이, 정말! 형아, 진짜 자꾸 이럴 거야?"

"박강하! 박준휘! 또 둘이서 싸우고 있어? 진짜 오늘 한번 제대로 혼나 볼래? 셋, 둘, 하나."

강하와 준휘는 엄마의 '하나' 소리가 떨어지기 무섭게 식탁 의자를 꺼내 앉았다. 오늘 벌어진 일에 대해 아무것도 모르는 아빠는 혀를 쯧쯧 차며 말했다.

"엄마 말 좀 잘 듣지 그랬어. 그나저나 강하랑 준휘, 요즘 용돈 관리 잘하고 있지? 적다고 투덜대더니 설마 하루 만에 다 쓰고 그런 건 아니지?"

아빠 말에 강하는 제 발 저린 도둑처럼 몸이 뻣뻣해졌다. 갈 곳 잃은 강하의 두 눈동자가 엄마와 마주쳤다. 엄마는 그런 강하 마음을 알아차린 듯 말했다.

"이제 애들 학년도 올라가는데 용돈도 올려줘야 할 것 같아요. 어떻게 생각해, 아들?"

"맞아요. 아무리 2학년이지만 일주일 용돈으로 1,500원은 너무 적어요. 카드 들고 다니며 쓰는 애들도 있단 말이에요."

"그럼 이참에 용돈 회의를 해 볼까? 강하 생각은 어때."

"네, 좋아요. 저도 용돈이 좀 모자라긴 해요."

아빠와 엄마는 강하와 준휘에게 용돈을 주로 어디에 썼는지, 앞으로는 어디에 쓸 건지를 물었다. 한참을 머뭇거리던 강하가 먼저 입을 뗐다.

"포켓칩 게임을 하는데 1,000원 썼고요. 그리고 포켓빵 두 개를 사느라 일요일에 받은 용돈을 한꺼번에 다 썼어요. 시

즌2로 나온 포켓빵은 맛이 좀 특별할 줄 알았거든요. 띠부띠
부씰도 이번에는 원하는 게 나올 줄 알았는데……."

"요즘 포켓빵이 유행인가 보구나. 강하는 용돈을 그렇게 쓰
니 기분이 어땠어?"

"생각보다 별로였어요. 허무하고, 속상하고, 아깝고."

산 물건	쓴 돈	기분
포켓칩 게임	1,000원	
시즌2 포켓빵 두 개	5,000원	

"허허. 아빠가 로또 사서 꽝이 나왔을 때 기분이랑 비슷하
네. 그럼 앞으로는 용돈을 어디에 쓰고 싶어?"

"음, 곧 서진이 생일이라 선물 사야 하고요. 또 애들이랑 방
학 때 스케이트장 가야 하고, 또 해리포터 굿즈로 나온 지

팡이를 사고 싶어요. 꽤 비싸서 용돈을 많이 모아야 하지 만……."

"그래. 꾸준히 모아야겠구나. 준휘는 어때?"

"저는요. 음……."

엄마의 물음에 잔뜩 뜸을 들이던 준휘는 슬러시를 먹고 포 켓카드를 사는 데 용돈을 썼고, 뽑기를 두세 번 정도 더 하 고 싶다고 했다.

"강하랑 준휘가 용돈으로 먹고 싶은 걸 사 먹고, 갖고 싶은 걸 사는 건 엄마도 찬성이야. 그런데 카드를 사고, 뽑기를 하 고, 띠부띠부씰을 모으느라 용돈을 매번 다 써 버리면 어떻 게 될까?"

준휘는 무언가 생각에 빠진 모습이었다. 강하 역시 갈팡질 팡하는 준휘의 마음을 알 것만 같았다.

"카드를 사거나 뽑기를 하는 것 말고, 준휘가 하고 싶은 게 있을 것 같은데?"

아빠가 고개를 숙이고 있는 준휘에게 물었다.

"아빠, 크레스티드 게코를 키우고 싶어요. 유튜브에서 봤는데요. 도마뱀이 생각보다 귀엽더라고요. 손에 올려놓고 기어다니는 거 관찰하고 먹이도 직접 주고 싶어요."

강하가 학습 만화를 볼 때면 준휘는 유튜브로 도마뱀 영상을 찾아봤다. 화면 속 도마뱀을 볼 때마다 준휘는 줄곧 '우아, 진짜 귀엽다.'를 외쳤다.

"정말 잘 키울 수 있겠어? 네가 도마뱀 아빠가 되는 거야. 먹이랑 물도 제때 주고, 온도도 잘 맞춰야 해."

"당연하죠, 그건 제가 전문이에요. 도마뱀 책을 다섯 권도 넘게 읽은걸요."

"그러면 도마뱀을 사기 위한 저금통을 하나 만들자. 준휘가 받은 용돈 중 일부를 저금통에 모으는 거야. 그러면 엄마랑 아빠가 준휘가 모은 금액만큼 보탤게. 어때?"

"우아, 난 엄마랑 아빠가 도마뱀 싫어할 줄 알았는데. 그럼 오늘 저금통을 만들고 자야겠다."

"그래, 그리고 용돈 올리는 건 음, 두 달 뒤면 강하는 5학년 준휘는 3학년이 되니까 내년 1월 첫째 주 금요일에 다시 이야기해 보자. 강하랑 준휘, 둘다 얼마를 받으면 좋을지 미리 생각해 둬. 말 나온 김에 용돈 계약서도 한번 써 볼까?"

아빠는 연습장을 펼쳐 한참 동안 무언가를 쓰더니 강하에게 사인을 하라고 했다. 서명란에 B.K.H 알파벳을 휘갈겨 쓴 강하는 왠지 어른이 된 기분이 들었다.

용돈 계약서

- 나, 박강하는 일요일에 용돈 4,000원을 받겠습니다.

- 용돈이 모자라면 '집안일 아르바이트'를 해서 추가 용돈을 벌어 쓰겠습니다.

- 부모님 외 사람들에게 받은 용돈의 절반은 미래를 위해 저축하겠습니다.

- '용돈 기입장'을 쓰며 계획한 대로 용돈을 썼는지 확인하겠습니다.

이 계약은 20○○년 12월 말까지 유효하며,

열두 살이 되면 부모님과 의논해

금액을 다시 정하도록 하겠습니다.

(다음 용돈 협상일 : 20○○년 1월 4일)

서명 : 박강하

아빠는 달력을 넘겨 1월 4일에 동그라미를 쳤다. 준휘는 작은 상자 세 개를 가져오더니 그 위에 무언가를 쓰기 시작했다.

'크레스티드 게코용', '포켓카드용(한 달에 한 번)', '뽑기용(2주에 한 번)'.

한껏 들뜬 준휘를 지켜보던 강하도 입꼬리가 실룩거렸다.

'녀석, 제법이네. 나도 도마뱀이 먹이 먹는 모습이 꼭 아기 같아서 한번 키워 보고 싶었는데, 잘됐다. 그럼 나도 도마뱀 동생이 생기는 건가? 히힛, 도마뱀은 준휘처럼 귀찮게 굴지 않겠지.'

강하는 거실 한쪽에는 도마뱀 사육장이, 그리고 다른 한쪽에는 해리포터 굿즈 지팡이가 전시된 모습을 상상했다. 강하는 책상 서랍에서 금빛 봉투 세 장을 꺼내 사인펜으로 썼다.

'서진이 선물 사기', '방학 때 친구들이랑 스케이트장 가기', '해리포터 지팡이 사기'.

강하는 일주일 용돈, 집안일을 해서 받은 용돈, 그리고 곧

다가올 설날에 받을 용돈을 골고루 나눠 봉투에 넣겠다고
다짐했다. 창밖으로 보이는 보름달이 오늘따라 유난히 밝았
다. 책상 위 올려진 봉투만큼이나 강하의 두 눈도 반짝거렸
다. 과연, 강하와 준휘는 용돈을 모아 자기가 원하는 걸 이룰
수 있을까?

용돈 정하기

Ⓦ **용돈을 받으면 어디에 쓸 건지 생각해요. 주마다 또는 날마다 써야 할 돈과 특별한 날에 써야 할 돈을 나누어서 생각해 보세요.**

- 일주일에 두 번은 학원 가기 전 간식을 사 먹고 싶어.
- 오색 볼펜과 샤프를 사고 싶어.

친구들 용돈을 알아봐요

주위에 용돈을 받는 친구가 있다면 일주일 또는 한 달에 용돈으로 얼마를 받는지 물어봐요. 단, 친구가 받는 만큼 나도 받아야 한다는 억지는 부리지 않기로 해요.

부모님과 용돈 금액을 정해요

용돈을 어디에 어떻게 쓰겠다는 대략적인 계획을 세워요. 그리고 부모님과 상의하여 일주일 또는 2주, 한 달치 용돈 금액을 정해 봅니다. 처음부터 많은 돈을 받으면 관리가 힘들 수도 있어요.

용돈을 쓰는 유형

한 번에 다 쓰는 유형

쓰고 나서 후회한 적이 많지요?
조금씩 나눠 쓰다 보면 용돈으로
사고 싶은 걸 살 수도 있고, 저축
도 할 수 있어요.

쓸 때마다 물어보는 유형

용돈을 처음 받게 되면 쓸 때마
다 고민스러울 수도 있어요. 용돈
은 부모님 허락을 받지 않고 자유
롭게 쓸 수 있는 돈이에요. 스스로
의 선택을 믿고 그에 따른 결과를
책임지는 습관을 길러 보세요.

절대로 안 쓰는 유형

용돈을 모으기만 하면 어떻게 써야 하는지 배울 수가 없어요. 돈을 모으는 것만큼 써 보는 것도 중요한 경험이 되거든요. 친한 친구 생일선물 정도는 내 용돈으로 준비해 보는 건 어떨까요?

주로 남을 위해 쓰는 유형

관심을 받기 위해 돈을 쓰는 건지, 내가 돈을 쓰지 않으면 마음이 불편한 건지, 한번 생각해 보세요. 돈으로 우정을 살 수 있을까요? 사람의 마음은 돈으로 바꿀 수가 없어요. 돈을 쓰지 않고도 친구와 시간을 보낼 방법을 찾아보는 건 어떨까요?

용돈 관리

소중한 용돈은 꼭 지갑에 넣고 다니기로 해요. 이것부터 약속!

필요한 것과 갖고 싶은 것 나누기

무엇을 먼저 사야 할까요?

필요한 것을 먼저 사고, 갖고 싶은 건 나중에 사는 습관을 기르는 것이 좋아요.

용돈 주머니 만들기

쓸 돈 외에 원하는 걸 사거나, 하고 싶은 걸 해 보기 위한 용돈 주머니를 따로 만들어 보세요.

좋아하는 아이돌 음반을 살 돈과 놀이공원에서 쓸 돈을 따로 담아서 모으는 거예요. 주머니나 집에 있는 봉투, 저금통, 쓰지 않는 상자를 활용해 보세요.

장기 계획과 단기 계획 세우기

용돈 주머니에 따라 기간을 정해 두
는 것이 좋아요. 주머니마다 모으는 금
액이 달라질 수 있으니까요. 아무래도
먼저 이루고 싶은 목표에 좀 더 많은
용돈을 넣게 되겠지요?

용돈 기입장 쓰기

용돈을 받은 날짜, 쓴 돈, 그리고 남
은 돈을 용돈 기입장에 써 보세요. 일
주일 또는 한 달 동안 쓴 내용을 살펴
보면 내가 주로 언제, 어디에, 어떨 때
돈을 쓰는지, 한눈에 파악할 수 있어
요. 불필요한 곳에 쓰는 돈을 줄이면
용돈 주머니에 채워 넣을 돈이 더 많아
지겠지요?

용돈 기입장

휴대전화 앱으로도 용돈 기입장을 쓸 수 있지만, 종이로 된 용돈 기입장을 먼저 써 보는 걸 추천해요. 화면을 터치하는 것보다 손으로 적는 게 기억에 오래 남거든요. 손으로 쓰면서 자신의 소비 습관을 충분히 되돌아보도록 해요. 꾸준히 쓰면, 올바른 경제 개념과 소비 습관을 기를 수 있을 거예요.

작은 것이라도 행동으로 옮겨야 돈을 제대로 이해할 수 있어. 그러면 돈을 아끼고 더 소중히 다룰 수 있겠지?

맞아! 앞으로 우리 모습이 바뀌거나 없어지더라도 돈에 대한 단단한 생각들은 사라지지 않을 거야.

날짜	내용	받은 돈	쓴 돈	남은 돈

이번 주 쓴 돈 :   **이번 주 남은 돈 :**

돈이 좋은 열한 살
똑똑하게 돈 쓰는 법

초판 1쇄 2025년 2월 3일

글 박현아 **그림** 장경혜 | **펴낸이** 황정임
총괄본부장 김영숙 | **편집** 김로미 김선의 | **디자인** 김태윤 이선영
마케팅 이수빈 윤인혜 | **경영지원** 손향숙 | **제작** 이재민

펴낸곳 도서출판 노란돼지 | **주소** 10880 경기도 파주시 교하로875번길 31-14 1층
전화 (031)942-5379 | **팩스** (031)942-5378
홈페이지 yellowpig.co.kr | **인스타그램** @yellowpig_pub
등록번호 제406-2009-000091호 | **등록일자** 2009년 11월 18일

ⓒ박현아·장경혜 2025
ISBN 979-11-5995-461-0 74320
　　　979-11-5995-463-4 74320(세트)